PRATIQUE DES ARTS

CW01612204

La peinture à l'huile

EDITIONS FLEURUS

Éditions Fleurus
15-27, rue Moussorgski, 75018 Paris

La peinture à l'huile est un art si complet que les plus grands artistes en ont fait à juste titre leur outil de prédilection. Sa souplesse d'utilisation, la richesse de ses couleurs et ses qualités tactiles en font une technique à part, qui attire aussi bien le débutant amateur de spontanéité que le peintre confirmé s'attaquant à une œuvre de longue haleine.

La peinture à l'huile est composée de pigments d'origine minérale ou végétale finement broyés, liés à de l'huile de lin. Les supports sur lesquels on l'applique (toile, bois, papier ou isorel) sont aussi variés que les instruments que l'on peut utiliser : pinceaux, brosses, spatules, couteaux, etc. Depuis l'apparition, au milieu du XIXᵉ siècle, des couleurs en tube, les artistes peuvent peindre leurs tableaux sur le lieu même de leur inspiration. Réputée difficile, la peinture à l'huile est en vérité une discipline qui ne demande qu'à s'apprendre. Dans cet ouvrage, vous trouverez tous les renseignements nécessaires à l'acquisition d'un matériel de base et les conseils avisés de professionnels pour vous aider à vous familiariser rapidement aux techniques les plus diverses – de la peinture «alla prima» aux effets de matière les plus inventifs.

PRATIQUE DES ARTS *est une collection consacrée à l'apprentissage des techniques artistiques. Guidé par des artistes confirmés qui ont accepté de partager avec vous le fruit de leur expérience et de leur réflexion, découvrez un panorama riche et représentatif de la création actuelle. Suivez étape par étape l'élaboration d'une œuvre d'art et apprenez à développer votre expression personnelle !*

Direction éditoriale : Christophe Savouré. Direction artistique : Danielle Capellazzi
Édition : Guillaume Pô. Contribution rédactionnelle : Emmanuelle Tenailleau
Fabrication : Stéphanie Liberati et Julie Jaunasse. Conception graphique et réalisation : Corinne Leveuf

Les photographies sont extraites du magazine *Pratique des arts*

Dépôt légal : avril 2000

Photogravure : Chesteroc
Imprimé par Proost en Belgique,
en septembre 2003
ISBN : 2-215-07037-4
2ᵉ édition - n°93489

Sommaire

Matériel et techniques de base

Le peintre débutant doit avant toute chose apprendre à se familiariser avec les outils et les couleurs. Le matériel le plus onéreux n'est pas forcément le meilleur : il convient d'utiliser à bon escient les instruments dont on dispose. Avant de vous exercer à des réalisations complètes, prenez le temps de comprendre comment mélanger vos couleurs, comment modifier leur aspect, enfin comment les déposer sur la toile.

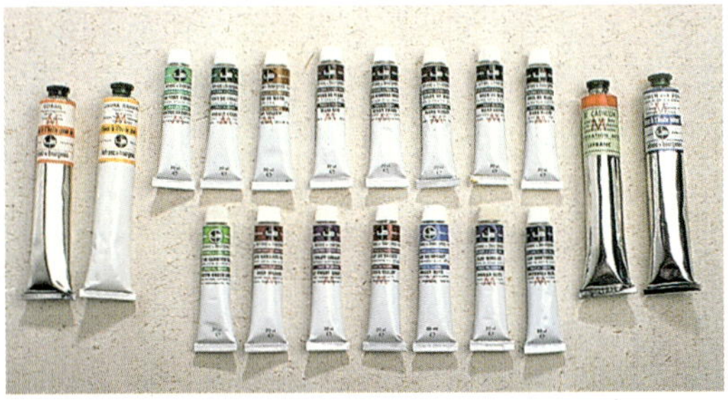

Les couleurs sous forme de pigments...
... et, à gauche, sous forme de tubes !

♦ Les couleurs

Il existe trois qualités de couleurs à l'huile : extra-fines, pour les artistes, fines, et enfin d'étude, pour les débutants. Ces dernières sont moins chères, car les pigments sont moins purs et moins finement broyés. Les couleurs se présentent généralement en tubes, dans une large gamme. Un code indique leur degré de résistance au temps et à la lumière. Leur nom diffère selon les marques, c'est pourquoi il est utile d'ouvrir le tube pour vérifier le coloris du pigment. Voici une liste de référence :

• La gamme des cadmiums, rouges ou jaunes, est d'une grande fixité à la lumière. Ces couleurs se mélangent très bien à toutes les autres, sauf au blanc d'argent.
• Les laques de garance sont indispensables pour réaliser les glacis. Vous pouvez les mélanger au blanc de zinc mais pas au blanc d'argent.
• Les violets de cobalt et le violet de Bayeux possèdent de belles qualités.
• Les bons verts sont les verts de cobalt, les verts émeraude, les verts de chrome et les verts de cadmium. Le vert Véronèse est superbe mais ne se mélange pas.
• Dans la gamme des bleus, sélectionnez le bleu outremer, le bleu de cobalt, le bleu de céruléum, le bleu de manganèse, tous solides et fixes à la lumière.
• Portez votre choix sur les bruns de Mars. Les terres, très utiles, ont l'avantage d'être solides ; évitez toutefois les terres d'ombre et la terre de Cassel qui ont tendance à noircir.
• Le blanc de zinc vous satisfera car il est utile pour tous les mélanges. Le blanc de titane, le plus blanc de tous, est bien couvrant mais difficile à teinter.

Avant de mélanger deux couleurs, déposez une noix de chacune d'elles sur la palette. Effectuez le mélange au centre de la palette, avec un pinceau ou avec un couteau.

Votre choix de couleurs évoluera au gré de vos envies. N'hésitez pas à tester différentes marques pour choisir celles qui vous conviennent le mieux !

Les palettes

Rectangulaire ou ovale, la palette blanche en papier vous permet de juger le résultat de vos mélanges. Vous pouvez néanmoins la préférer en bois ou en plastique. Portez-la posée sur l'avant-bras ou appuyez-la sur la planchette du chevalet. Posez toujours vos couleurs sur la palette de la même manière, afin de les trouver facilement. Commencez par les plus claires, par exemple les jaunes (cadmium, citron clair, foncé), les rouges (orangé, cadmium clair, foncé ou pourpre), les laques (garance claire et foncée, violet), les terres (ocre jaune, terre de Sienne ou couleurs de Mars, orange, rouge et brun), les verts (vert de cobalt, émeraude, cadmium, Véronèse) et enfin les noirs (noir d'ivoire, de Mars, de fumée ou de bougie). Nettoyez votre palette après chaque utilisation, en insistant sur le centre où vous préparez les mélanges.

Pensez à toujours disposer vos couleurs de la même façon.

Brosses et pinceaux

Les meilleurs pinceaux sont en poils de martre. Souples, ils restent vigoureux sous la pression. Plats, ronds, longs ou courts, il y en a pour tous les goûts ! Peu onéreux, les pinceaux d'oreilles de bœuf, un peu moins nerveux, offrent presque les mêmes avantages. Le putois a un poil souple, mais la mollesse de ces pinceaux perturbe leur usage.
Les rondins sont des pinceaux de putois à poils courts. Ils sont utilisés comme de petites brosses à pocher ou à tamponner.
Les brosses sont constituées de poils rigides, essentiellement de soies de porc. Rondes, plates, longues ou courtes, elles doivent être bien fournies. Choisissez une virole en cuivre ou en inox. De bonne qualité, les brosses ne s'affaissent pas sous la pression.
Les spalters servent essentiellement au lissage des fonds et aux glacis. Fabriqués en soies de porc ou de putois, ils existent en plusieurs largeurs.

Brosses, pinceaux ou rondins : à vous de choisir l'outil le plus adapté à votre sujet – et à vos envies !

Les apprêts

Application de l'apprêt.

En général, la peinture à l'huile ne s'applique pas directement sortie du tube : on y ajoute des adjuvants dont la multitude rend l'initiation complexe. Considérez la peinture à l'huile comme une affaire de cuisine : mille et une recettes existent. Quelles que soient les combinaisons que vous retenez, le but est le même : moduler l'onctuosité de la pâte, varier les temps de séchage de la surface peinte, aviver l'éclat des couleurs et leur assurer longévité.
Pour débuter, utilisez des toiles apprêtées avec un enduit universel. Si celui-ci a jauni, dégraissez la toile avant usage en la lavant doucement à l'eau savonneuse, puis rincez-la avec une éponge.
Vous pouvez utiliser un apprêt universel type gesso que vous appliquerez avec un gros pinceau ordinaire. Pensez à poncer légèrement la surface au papier de verre fin avant chaque application. Avant de commencer à peindre, vérifiez que la toile est parfaitement sèche.
Vous pouvez également préparer vous-même l'apprêt : pour 500 g de blanc de zinc, mélangez une cuillerée à soupe d'huile de lin, deux cuillerées à soupe d'essence de térébenthine et une petite cuillerée de siccatif de Courtrai.

Huile de lin, essence de térébenthine, white-spirit, pigments... Voici réunis tous les ingrédients de la peinture à l'huile.

Les diluants

Les diluants les plus couramment employés sont l'essence de térébenthine et le white-spirit.

• L'essence de térébenthine se mélange avec les couleurs à l'huile pour les rendre plus malléables. Très plastifiante, elle a le défaut de mal se conserver. À utiliser rapidement après ouverture !

• Le white-spirit (ou essence de pétrole) donne peu de plasticité aux couleurs : il vaut mieux le mélanger à d'autres essences ou vernis. En revanche, il sert immanquablement au rinçage des pinceaux.

• L'huile de lin est un diluant qui donne aux couleurs une meilleure plasticité et une belle luminosité. Une variante de cette huile, appelée la «standolie», est particulièrement satisfaisante.

♦ Les médiums

Les médiums ou vernis à peindre servent à accentuer la vivacité des couleurs au séchage, à éliminer les embus, à adapter l'onctuosité de la pâte. Ils sont regroupés en deux familles :

• Les médiums maigres : à base d'essence et de résine semi-dure ou tendre, ils gardent au séchage la puissance des tons et font obstacle aux embus. Mélangés aux couleurs directement sur la palette, ils les rendent plus onctueuses.
Ils peuvent être allongés de white-spirit, d'essence de térébenthine ou même d'huile d'œillette en quantité modérée.

• Les médiums gras favorisent la prise des couleurs et renforcent leur éclat.
La pâte devient plus résistante en profondeur. Ils se diluent à l'essence de térébenthine ou à l'huile de lin.

Le médium à la caséine convient aux amateurs de peinture à l'œuf. Le médium gel est bien adapté au travail au couteau.
Le médium flamand facilite l'exécution des glacis.
En pâte ou sous forme liquide, le médium d'empâtement s'utilise au couteau ou au pinceau.

△ Sur votre palette, mélangez doucement votre médium à la couleur. Pour rendre le mélange plus fluide, ajoutez du white-spirit ou de l'essence de térébenthine.

△ Si vous utilisez un médium sous forme de gel, vous pouvez travailler le mélange au couteau. Dans ce cas, n'ajoutez que très peu d'essence.

♦ Les vernis

Réversibles, les vernis à retoucher sont des correcteurs.
Ils servent à apporter des retouches à une partie du tableau.
Intercalés entre la couche ancienne et la nouvelle, ils en assurent la bonne cohésion et suppriment les embus.
Ils rendent uniformes les brillances des différentes zones de la composition. Protecteurs, ils permettent au tableau de sécher sans risque plusieurs mois avant l'application d'un vernis final qu'ils peuvent d'ailleurs remplacer. Préférez leur présentation en aérosol, beaucoup plus pratique.
Définitifs, les vernis finaux agissent comme des protecteurs de la couche picturale qu'ils isolent. Vous les aimerez brillants, mats ou satinés. Ils s'appliquent quelques mois, voire une année après la réalisation du tableau pour garantir à la toile un séchage en profondeur.

Les châssis à clefs sont très utiles pour retendre les toiles.

◆ Les supports

Les toiles sont clouées sur des châssis aux montants collés ou emboîtés. Les formats figure (F) sont les plus carrés, les formats paysage (P) les plus rectangulaires, les formats marine (M) les plus longilignes. Mais vous êtes libre de choisir un format paysage pour réaliser une nature morte !
Pourvues de pièces de bois introduites aux quatre coins du châssis (les clefs), les toiles peuvent être retendues en les martelant.

Il existe trois types de toiles :

- Le lin est le support privilégié des peintres, car sa fibre est très agréable à travailler.
- La toile de coton a tendance à se détendre.
- D'invention récente, le synthétique semble un matériau prometteur.

Le grain de la toile est une affaire de goût. Selon les effets recherchés, vous apprécierez le grain fin pour le travail précis des glacis tandis que les gros grains semblent mieux convenir aux empâtements.
D'autres supports peuvent également être utilisés : le papier de fort grammage, marouflé ou non, à condition de travailler en maigre ; le carton, plus absorbant que le papier, demande à être encollé avant usage ; l'isorel est un support intéressant en petit et moyen format, mais il doit être recouvert d'une couche d'apprêt ; le bois est le support le plus ancien.
Le contreplaqué marine se prête lui aussi volontiers à la peinture à l'huile. Un apprêt est nécessaire, ainsi qu'une couche d'enduit.

◆ L'atelier

Un atelier confortablement installé est l'endroit idéal pour peindre. Pensez à installer votre chevalet à l'endroit où la lumière est la plus stable : la lumière venant du nord ne varie pas au fil de la journée. Disposez sur une ou deux tables roulantes les couleurs et les pinceaux, les chiffons et les essences. Les récipients, pots de confiture ou godets, doivent rester à portée de main. Une grande table à dessin complétera votre dispositif. Vous la surmonterez d'étagères pour y placer le petit matériel. Enfin, n'oubliez jamais que les produits utilisés dans la peinture à l'huile sont toxiques et inflammables : rangez-les avec soin et évitez de les jeter directement dans votre évier.

▷ Un atelier bien aménagé sera la clef de votre succès !

◆ Les premiers gestes

Le travail des matières est un élément caractéristique de la peinture à l'huile. La façon de poser les couleurs engendre des effets de texture intéressants que vous apprendrez à varier.
La règle fondamentale de cette technique est qu'il faut toujours travailler en «gras sur maigre». Une couche maigre, ou «jus de térébenthine», est une couleur diluée à l'essence de térébenthine ou au white-spirit. La pâte fluide laisse peu d'épaisseur sur la toile. Une couche grasse s'obtient en diluant la couleur avec un médium composé d'une plus grande quantité d'huile que d'essence.
Le temps de séchage de la peinture à l'huile est très long : apprenez à varier les effets en travaillant selon les cas dans le sec, dans le demi-frais ou dans le frais.

◁ Deux couleurs superposées après séchage de la première couche ne se mélangent pas.

▽ Vous obtiendrez des effets de marbrure en superposant deux couleurs dans le frais.

▷ Dans le demi-frais, deux couleurs superposées créent un effet optique intéressant.

◁ Pour représenter cette pomme, l'artiste a déposé des couches de couleur successives en arrondissant son geste.

Conseil

Plongez vos brosses et vos pinceaux dans le white-spirit après utilisation, puis lavez-les avec soin au savon de Marseille. N'oubliez pas le manche et la virole !

La consistance de la peinture à l'huile est naturellement si crémeuse que vous pouvez créer quantité de textures. Les touches diffèrent selon l'effet que vous recherchez. Vous pouvez traiter les surfaces d'eau par touches horizontales, et arrondir votre geste pour suivre la forme d'un fruit, une pomme par exemple. Un ciel peut être suggéré par des touches obliques, et un feuillage touffu par des touches marquées et peu estompées. Ne tenez pas votre pinceau comme un stylo, mais utilisez tout le manche afin de gagner de l'amplitude. Ne vous raidissez pas, et sachez conserver un poignet souple.

Une nature morte «alla prima»

avec Michel Dubois

Peindre «alla prima» consiste à réaliser un tableau en une seule séance. Équivalent du «mouillé sur mouillé» en aquarelle, cette technique se pratique dans le frais, c'est-à-dire sans observer de temps de séchage entre les couches. Observez votre sujet : sous un éclairage frontal, trois bouteilles de verre et quatre pommes se reflètent dans une plaque translucide. Un carton blanc fait office de fond. Cette première réalisation doit rester spontanée : elle ne nécessite pas plus de deux heures de travail.

♦ Composition aux bouteilles et aux pommes

▷ **1.** Préparez votre palette en réduisant le nombre de couleurs : ici, l'artiste a utilisé le blanc, le jaune de cadmium, le rouge vermillon, le cramoisi d'alizarine, le bleu outremer, le bleu indigo, le vert cinabre clair et le vert pin.

△ **2.** Installez votre chevalet de façon à surplomber légèrement le motif. Observez le sujet pour en sélectionner les dominantes. Au premier plan, deux couleurs chaudes prévalent : le rouge et le jaune ; au second plan, le vert et le bleu l'emportent.

▷ **3.** Esquissez le sujet à la mine de plomb. Mélangez à parts égales essence de térébenthine et huile de lin pour composer le médium, sans ajouter de siccatif. Brossez grossièrement le fond en gardant les bouteilles en réserve.

Conseil

Pour redonner sa forme initiale à votre pinceau, enduisez-le de suif de temps à autre. N'oubliez surtout pas de le rincer soigneusement au white-spirit.

△ **4.** Travaillez dans le frais : vos premières couches seront de simples jus très dilués. Vous monterez en matière au fur et à mesure que la toile avance.

▷ **5.** Accentuez peu à peu le jeu des valeurs, tout en laissant pommes et bouteilles en réserve. Soulignez les ombres en travaillant en gras sur gras. Éclaircissez le bas de la table.

△ **6.** Élaborez la première bouteille avec du vert et du jaune. Juxtaposez de petites touches fermes et précises afin d'obtenir du volume. Utilisez pour la seconde bouteille du vert foncé et du cramoisi d'alizarine.

△ **7.** Traitez le troisième flacon de manière identique. Notez les variations des teintes, en particulier la base plus foncée.

◁ **8.** Reprenez maintenant le goulot des bouteilles. Multipliez les retouches pour accentuer les effets de volume.

▷ **9.** Ébauchez les pommes avec une couleur chaude : vos touches doivent suivre l'arrondi des fruits. Après les avoir rapidement esquissées, apportez des nuances en insistant sur les lumières.

▽ **10.** Évoquez les ombres des pommes sur la table : dans un premier temps, peignez-les dans la teinte du support, puis montez en intensité.

△ **11.** Insistez sur le modelé des fruits : par petites touches de jaune, donnez-leur de l'épaisseur et de la consistance.

Conseil

Pour bien vider vos tubes de peinture, posez-les à plat et, avec le manche d'un couteau, exercez une pression de bas en haut. La couleur remonte ; repliez alors la partie inférieure du tube sur lui-même.

Conseil

La conservation des toiles à l'atelier nécessite quelques précautions. Tant qu'elles ne sont pas sèches, les toiles ne peuvent pas être rangées la face peinte tournée vers le mur, car elles risquent de jaunir. Exposez-les le plus possible à la lumière du jour et, si vous manquez de place, instaurez un roulement permettant à chacune d'elles de conserver la fraîcheur de ses coloris.

△ **12.** Le travail dans le frais favorise l'harmonisation des différents éléments de la composition. Notez les jeux de lumière sur le modèle, notamment sur le goulot des bouteilles. Veillez cependant à ne pas surcharger votre toile : trop de matière lui ôterait tout dynamisme.

△ **13.** Chargez généreusement votre pinceau et appliquez d'un seul coup les rehauts. Soyez prudent car vous ne pourrez les retoucher : le mélange de cette couleur claire avec les teintes sombres de la couche inférieure fausserait l'effet de transparence.

◁ **14.** Le tableau est achevé : notez la brillance des bouteilles, le modelé des fruits. Vous tirerez profit de cette étude en la répétant avec d'autres assemblages d'objets. N'oubliez jamais qu'il n'y a pas de petit sujet : quelques éléments quotidiens posés sur une table constituent toujours une source d'inspiration digne d'intérêt. Soyez inventif !

Une pochade sur le motif

avec Michel Dubois

Quel plaisir de peindre sur le motif ! La nature renouvelle sans cesse votre palette, invente des formes magnifiques que vous découvrez avec curiosité. C'est un moment privilégié... à condition bien sûr d'organiser vos journées avec méthode. Cherchez tout d'abord le meilleur angle de vue, puis étudiez la lumière. Évitez les heures durant lesquelles le soleil de plomb écrase les volumes. Optez plutôt pour la technique « alla prima » afin de privilégier la rapidité d'exécution.

△ **1.** Disposez vos couleurs sur la palette en vous appuyant sur une bonne observation de votre motif : jaune citron, vert anglais et ocre pour la verdure ; blanc, bleu de cobalt, bleu outremer et violet de cobalt pour les hortensias ; jaune de cadmium et rouge de cadmium orange pour les détails et les finitions.

♦ Hortensias au soleil

▷ **2.** Passez un premier jus en ébauchant les masses principales. Mettez en place dès à présent les zones d'ombre et de lumière.

△ **3.** Travaillez des arrière-plans vers les premiers plans. Éclaircissez le fond par des petites touches de jaune. Soulignez la bordure du parterre avec de l'ocre clair.

▷ **4.** Peignez les fondations du massif d'hortensias avec un mélange de bleu, de vert et de jaune. Restez spontané. Travaillez avec une pâte onctueuse, sans l'allonger.

◁ **5.** Définissez progressivement les fleurs avec le bleu outremer et le violet de cobalt. Modulez les tons dans le frais, les nuances gagneront en subtilité.

△ **6.** Avec un pinceau fin chargé de blanc teinté d'une pointe de cobalt, suggérez les fleurs situées au premier plan. Ajoutez quelques touches de bleu outremer pur pour faire respirer l'ensemble.

▷ **7.** Donnez volume et matière à votre tableau. Nuancez les teintes, accentuez certains contrastes. Par exemple, jouez avec l'éclat d'un jaune de cadmium et équilibrez-le avec un rouge de cadmium.

◁ **8.** Affinez les nuances en insistant sur les rebonds de la lumière sur le feuillage.

Une nature morte en camaïeu

avec Michel Ferber

♦ Les pots de terre

La nature morte est une discipline qui demande rigueur et persévérance. Le rendu du volume de ces pots de terre n'est pas évident !
Pour réaliser cette composition savamment ordonnée (l'assiette, inscrite dans le prolongement de la cruche, dessine un cercle autour duquel s'équilibrent les différents éléments), l'artiste a utilisé le vert jaunâtre, le jaune de Mars, le jaune de cadmium, le jaune brillant, le bleu outremer, le noir d'ivoire, le bleu royal, le violet permanent, le violet de cobalt, l'ocre jaune, le brun, la terre d'ombre, la terre verte et le vert de chrome.

△ **1.** Dessinez les masses et les contours directement dans la couleur. Travaillez par larges aplats. Multipliez les nuances de gris et de vert pour évoquer le mouvement des ombres sur les objets.

△ **2.** Orientez la gamme colorée vers les violets et les bruns. Nuancez-la de gris colorés. Précisez les principaux volumes. Jouez avec les contrastes essentiels. Ayez un geste sûr, une touche nerveuse. Laissez bien sécher chaque couche avant de poser la suivante.

◁ **3.** Amorcez la définition des différents éléments. Soulignez d'un tracé sombre les contours des pots. Placez les contrastes lumineux qui leur donneront du volume. Approfondissez les ombres sombres du fond. Ayez soin de signaler la direction latérale de l'éclairage.

◁ **4.** Modulez à nouveau la gamme colorée. Apprenez à varier les effets, trouvez votre propre langage. La superposition des différentes teintes nourrit la toile.

Conseil

Les toiles du commerce sont généralement enduites. Il est utile, si elles ont jauni, de les dégraisser avant usage en les lavant doucement à l'eau savonneuse. Il suffit ensuite de les rincer avec une éponge.

▽ **5.** La toile achevée, la matière est dense : elle provient de la juxtaposition des couches de glacis successives diversement colorées.

Un tableau en deux étapes

avec Michel Dubois

Cette étude est inspirée par un paysage majestueux : une allée forestière en automne. La réalisation de cette toile vous fait entrer dans le vif du sujet puisqu'elle met en pratique quelques règles fondamentales de la peinture à l'huile : la fameuse règle du gras sur maigre, la notion d'ébauche, la finition. Les couleurs utilisées sont : le jaune citron, le jaune de cadmium foncé, le rouge de cadmium clair, le bleu outremer, le bleu royal et le blanc de zinc.

◁ **1.** Concentrez-vous sur l'étude des valeurs : observez longuement le sujet et cherchez une logique qui en structure les différents éléments. Commencez par discerner trois ou quatre « masses » correspondant à des zones d'ombre et de lumière. Voyez comme les lignes des troncs et la densité importante du feuillage font paraître plus foncée la partie basse des arbres. À l'inverse, leurs cimes semblent plus claires. La zone intermédiaire équivaut à une valeur moyenne.

♦ L'automne au bois

△ **2.** Esquissez votre sujet au fusain en insistant sur les lignes de perspective. Reportez les effets d'ombre par des hachures, puis essuyez la toile avec un chiffon afin que le tracé apparaisse en filigrane.

▷ **3.** Préparez vos mélanges : le bleu outremer sera utile sur le ciel ; mêlé à du jaune, il produira des verts foncés. Vous obtiendrez les verts clairs avec le bleu royal mélangé au jaune, l'ocre rosé avec du blanc et une pointe de rouge de cadmium clair. Appliquez les couleurs du haut vers le bas, en allongeant la peinture avec de l'essence de térébenthine ou du white-spirit. Brossez le ciel en ayant soin de l'éclaircir vers le bas.

◁ **4.** Passez les couleurs claires en premier. Ici, le jaune citron définit une masse légère.

◁ **5.** Appliquez une couche très fluide de jaune de cadmium foncé. Faites un fondu pour assurer la transition entre les deux teintes jaunes.

Conseil

L'huile que contient la peinture ne s'évapore pas. Elle nécessite même une année de séchage ! Si vous posez une couche maigre sur une couche grasse, la couche maigre sèche rapidement alors que la couche grasse continue de durcir. Résultat : les craquelures apparaissent sur la surface du tableau. Au stade de l'ébauche, diluez vos couleurs avec l'essence de térébenthine, puis introduisez progressivement l'huile ou le médium. À la fin de la réalisation, employez le médium pur.

◁ **6.** Passez un mélange de bleu royal et de jaune dans la partie supérieure du sous-bois, puis posez un vert foncé (bleu outremer et jaune) dans les zones d'ombre.

△ **7.** Évoquez le chemin par un jus d'ocre rosé. L'ébauche à l'essence de térébenthine est maintenant terminée ; le blanc de la toile est entièrement recouvert. Laissez à présent sécher cette couche.

◁ **8.** Une fois la première couche sèche, modelez les masses de verdure. Reprenez les couleurs de l'esquisse mais n'employez pas de médium : concentrez-vous sur l'élaboration des volumes et des jeux de lumière. Travaillez de l'arrière-plan vers le premier plan. Peignez le talus avec un vert moyen.

▷ **9.** Précisez la trouée sombre du bout du chemin. Insistez sur les ombres.

▽ **10.** Modelez le chemin. Affinez la perspective des bas-côtés.

▷ **11.** Soulignez les verticales des troncs d'arbres. Appliquez en touches ponctuelles et régulières des couleurs pures qui renforceront le volume des feuillages.

▷ **12.** Posez le jaune citron pur en couche épaisse pour signifier l'éclat de la lumière. Contrastez l'ensemble en marquant les ombres d'un mélange de bleu outremer et de bleu royal.

△ **13.** Apportez les détails nécessaires. Prenez souvent du recul pour les finitions. Donnez de la matière à votre toile.

◁ **14.** Nuancez l'ensemble par des touches de couleur soigneusement choisies. Faites vibrer les tons : sachez toutefois vous arrêter à temps.

Conseil

Faut-il vernir vos tableaux ? Oui, mais après avoir laissé sécher votre toile en profondeur. Selon l'épaisseur des couches de peinture, le séchage nécessite plusieurs mois, voire une année. Après quelques mois, vous pouvez vernir votre tableau avec un vernis à retoucher. Un an plus tard, vous pouvez soit passer une seconde couche de vernis à retoucher, soit appliquer un vernis définitif.
Nous vous conseillons de passer une couche de vernis à retoucher sur une toile commencée et laissée en attente. Ce geste assurera la liaison entre les couches de peinture sèche et celles à venir. De surcroît, il vous évitera la désagréable surprise des embus.

Jouez avec les masses colorées

avec Jacky Claveau

♦ Un après-midi sur l'île verte

La quête de l'instant motive le peintre sur le motif. Pressé par le temps, il doit traquer la lumière. L'acquisition d'un geste sûr est la difficulté majeure de ce type de réalisation. Pour vous perfectionner, travaillez avec des brosses et des couteaux.

Ce paysage nécessite l'usage de couleurs froides, notamment de bleu. Les couleurs chaudes serviront de contrepoint.

△ **1.** Dans cette photographie, le ciel et l'eau se répondent : la bande de terre boisée leur sert d'articulation. Tout ne pourra être dit ; vous devez choisir les éléments du paysage qui s'inscriront dans la composition. Pour équilibrer votre toile, il faut apprendre à simplifier les formes et à harmoniser les couleurs.

▷ **2.** Cette étude traduit la lumière non par des aplats colorés mais par un graphisme soutenu et une distribution cohérente des masses de couleurs. Passez un jus dilué à l'essence de térébenthine. Conduisez votre pinceau en construisant les formes d'un geste instinctif. Veillez à la qualité de votre dessin : pour être bon peintre, vous devrez devenir bon dessinateur.

△ **3.** L'ossature de la toile est achevée. L'opposition du rideau d'arbres et de son reflet structure cette toile. Les taches de couleur sont des masses qui restituent les trois dimensions. Cette phase d'élaboration s'approche de l'abstraction.

◁ **4.** Brossez d'un geste vigoureux les masses vertes des arbres. Votre touche doit être dynamique, presque instinctive.

▷ **5.** La lumière change vite : pour tenter de la capter, n'hésitez pas, si nécessaire, à presser le tube directement sur la toile. Retournez votre tableau : ses imperfections vous sauteront aux yeux. Corrigez ses équilibres et ses manques.

Conseil

N'hésitez pas à filtrer régulièrement votre essence de térébenthine, car ce produit se salit vite. Laissez préalablement reposer l'essence pour que le dépôt se forme au fond du bocal. Transvasez le contenu dans un autre récipient recouvert d'un bas en Nylon : l'essence est de nouveau prête à l'emploi.

△ **6.** Affinez votre palette. Ici la dominante est constituée de couleurs froides, des bleus et des verts. Pour les souligner, ayez à disposition des jaunes, des ocres, des roses tendres. Réalisez vos mélanges directement sur la toile.

△ **7.** Accentuez les lumières avec la brosse. Réchauffez d'une touche d'ocre cette partie du tableau que dominent les tons froids.

◁ **8.** Ce tableau montre comment un peintre peut imprimer à un paysage familier sa propre personnalité. Une pratique originale, caractérisée par une touche dynamique et un sens du volume très développé, permet une expression de caractère.

♦ Un matin aux abords de Ruillé

Cette deuxième réalisation fait appel à différentes techniques. Devenez maître de vos outils et jouez de leurs qualités respectives : le pinceau est utile pour le travail de précision, le couteau charpente la toile, la brosse permet une grande liberté gestuelle. L'alternance de ces instruments enrichit la toile.

▷ **1.** Dégagez de votre observation du site les zones d'ombre et de lumière. Dessinez d'un trait vif les principaux éléments du paysage : arbres, maisons, etc. Brossez votre toile en soulignant les parties lumineuses. La couche de peinture est légère, presque transparente.

▽ **2.** Travaillez dans le frais. Alternez couteau et brosse large. Lorsque la toile commence à prendre matière, mêlez vos couleurs à un médium flamand.

◁ **3.** Modelez les masses avec le couteau. La toile monte en intensité. Construisez-la en opposant les zones claires et foncées. L'éclat blanc sur la façade de la première maison attire l'œil et accentue la perspective de la rive.

△ **4.** Avec un pinceau fin, soulignez certains détails. Renforcez l'effet de profondeur en rehaussant le premier plan de touches jaunes.

▷ **5.** Peindre sur le motif est une épreuve palpitante et angoissante. La lumière est si changeante ! Mais quel merveilleux sentiment ne ressent-on pas à faire corps aussi intensément avec la nature...

♦ L'île verte au couchant

Les grands formats carrés permettent d'équilibrer aisément les éléments sur la surface. Les fonds préparés à l'avance nourrissent la toile et font gagner un temps précieux.

◁ **1.** Placez les masses foncées avant les lumières. Suggérez les arbres et leur reflet à l'aide d'une brosse.

▷ **3.** Isolez certains détails que vous soulignerez par des touches bien ponctuées.

△ **2.** Commencez à esquisser les changements de luminosité en faisant évoluer votre palette. Placez les masses foncées avant les lumières.

◁ **4.** Prêtez attention aux zones de transition que vous travaillerez en fondus : brossez plusieurs fois les parties colorées en contact jusqu'à ce qu'elles se mêlent.

Conseil

Si vous souhaitez peindre en plein air, choisissez les heures du jour les plus lumineuses. À la belle saison, l'aube et le milieu de l'après-midi offrent les meilleures intensités. Adaptez votre matériel à vos déplacements : une boîte-chevalet, une douzaine de couleurs, un jeu de pinceaux suffisent. Prévoyez des pinces pour les godets d'essence de térébenthine et de médium. Enfin, munissez-vous éventuellement... d'un parasol !

▷ **5.** Les effets de matière ont guidé l'élaboration de cette toile. Libre et spontanée, l'œuvre obéit pourtant à une rigoureuse logique interne, fruit d'une observation attentive.

De l'esquisse au tableau

Nul n'ignore l'angoisse de la toile blanche... Pour réussir un tableau, mieux vaut préparer sérieusement son travail. Multiplier les esquisses permet à la fois d'apprivoiser le motif et de lier émotion et savoir-faire. Apprenez à prendre du recul avant d'aborder votre toile. Cherchez les directions possibles, corrigez vos erreurs, n'hésitez pas à vous tromper !

Voici quelques points essentiels qui sauront vous guider :

- Prenez le temps d'étudier votre modèle. Notez ses proportions ainsi que le rapport des formes entre elles en vous appuyant sur des repères.
- Une esquisse tient compte des pleins et des vides : au nom de l'harmonie, modifiez parfois les éléments de la composition.
- Ombres et lumières lient entre elles des formes situées à des niveaux différents : elles sont un élément d'unification important.
- Ne perdez pas votre enthousiasme au cours de cette élaboration parfois laborieuse !

♦ Les filles d'Anduze

par Claude Sauzet

△ La composition de cette toile est le fruit d'une réflexion menée préalablement à la sanguine. Les croquis réalisés d'après modèle sont étalés sur le sol. Le dessin est reproduit sur la toile avec un fusain, puis les couleurs sont posées avec un jus très dilué.

◁ Le travail de la couleur module les contours du dessin et nous éloigne de l'ébauche. L'évolution d'une huile est subordonnée à la recherche d'un rythme harmonieux. C'est pour cette raison que le bouquet de fleurs est devenu l'un des principaux centres d'intérêt.

◆ Femme pensive

par Michèle Taupin

◁ Première esquisse en noir et blanc d'après un modèle vivant. D'un geste ample, sachez capter l'essentiel.

▷ Indiquez les zones d'ombre et de lumière. Cette seconde esquisse vous aidera à placer les masses colorées et à donner du volume à votre sujet.

△ Cette fois, c'est au pastel que vous ébauchez votre composition. Pensez à sélectionner la couleur dominante, puis étudiez le rapport des tons. Votre esquisse doit rester suggestive.

▷ Décidez d'une harmonie générale et choisissez une couleur dominante pour couvrir la moitié de la surface de la toile. Des éclats colorés rythmeront l'ensemble.

Une composition de synthèse

avec Constant Guilmaut

L'été est une saison propice aux pochades exécutées sur le motif. Les mauvais jours revenus, ouvrez vos carnets de croquis. Ne soyez pas sévère : certains méritent sûrement d'être transcrits sur la toile, dans le silence de l'atelier. Réfléchissez au parti que vous pourrez tirer de ce travail préparatoire. Dans l'exemple proposé ici, la nature est le point de départ d'une composition de synthèse originale. Le peintre déstructure les différents éléments pour les reconstruire en éclats de couleurs.

♦ Paysage en géométrie

△ **1.** Sélectionnez parmi tous vos croquis d'un même site ceux qui vous paraissent les plus intéressants. Un premier dessin vous renseigne sur les valeurs, un autre sur les rythmes des lumières... Mêlez ces indices afin de les inclure dans une nouvelle logique. Les croquis de synthèse ont pour but d'établir une composition originale et équilibrée.

△ **2.** Insistez sur les oppositions de certains éléments. Ici un réseau de lignes structure l'espace définissant les pleins et les vides de la future toile. Schématisez les toits et le feuillage des arbres en volumes simples : carrés, triangles, arcs de cercle, etc.

◁ **3.** Reportez le tracé sur la toile en utilisant la technique du poncif, qui consiste à piquer les contours principaux du dessin de petits trous, puis à passer une craie de couleur.

◁ **4.** Dessinez les lignes directrices à l'aide d'un cordon marqueur : après avoir frotté une ficelle avec de la craie, maintenez-la tendue et apposez-la sur la toile. Vos traits sont nets et précis.

◁ **5.** Avant de poser les couleurs sur la toile, réalisez une esquisse à l'aquarelle. Elle vous servira de référence dans la mise en œuvre colorée du tableau.

▷ **6.** Passez une première couche sur la toile. Opposez les dominantes chaudes aux couleurs froides. Insistez sur les contrastes d'ombre et de lumière, et accentuez les rapports de tons. Retenez qu'un bon travail de la couleur renforce le jeu des lignes et des surfaces.

▽ **7.** Le tableau est achevé : Les formes se répondent en écho et structurent la toile. Les couleurs créent un rythme tonique qui dissout le sujet dans un prisme suggestif.

De l'utilité des glacis

avec Onyx de Vritz

Le glacis est une couche de couleur fluide et transparente appliquée sur une peinture sèche afin d'en modifier la teinte et l'aspect. Partiellement dissimulée, la sous-couche transparaît à travers le glacis, créant un effet subtil et profond. Plus intenses, les couleurs issues d'un glacis sont aussi plus nuancées et plus lumineuses.

△ Une terre d'ombre brûlée glacée à l'aide d'une seconde couche de la même couleur sera infiniment plus éclatante que passée en une seule couche.

△ La superposition par glacis de deux couleurs (ici, bleu sur ocre jaune ou rouge sur ocre jaune) permet d'obtenir une nouvelle teinte en rien comparable à leur mélange sur la palette.

Un médium à glacis se compose de résine dissoute dans des essences et dans de l'huile. Selon les marques, les médiums portent des appellations différentes : gels à peindre, laque, médium hollandais, Van Eyck... Vous pouvez également en fabriquer vous-même en mélangeant deux mesures d'essence de térébenthine, une mesure d'huile de lin et quelques gouttes de siccatif. À chaque nouvelle couche, diminuez la proportion d'essence de térébenthine.

N'oubliez pas de préparer vos glacis en quantité suffisante pour ne pas en manquer. Vous ne sauriez retrouver exactement votre mélange. Soyez patient ! Vous maîtriserez les glacis après de nombreux essais plus ou moins fructueux. La richesse des effets obtenus grâce à cette technique mérite votre patience...

♦ Un dimanche matin

L'atmosphère des lieux est traduite par les jeux de lumière. Le contre-jour, très utilisé en photographie, correspond à un éclairage venu de l'arrière, sur lequel les formes perdent leur volume. Les glacis ont permis à l'artiste de rendre cet effet optique et d'harmoniser les différents éléments de sa toile.

▷ **1.** Le fond a été préparé avec une large brosse. Les couleurs bleues et rouges se sont mêlées au gris, au noir puis au blanc.

△ **2.** Un jaune enrichit la gamme des teintes chaudes. Quelques détails sont soulignés par un pinceau en poil de martre.

▷ **3.** La dominante froide est adoucie par un glacis d'ocre plus ou moins fondu qui éclaire l'arrière d'un ton chaud.

Conseil

Un fond peut être travaillé à la peinture acrylique, qui a le mérite de sécher rapidement. Ce procédé remplace alors le jus de térébenthine coloré.
Il est tout à fait possible de réutiliser sur l'envers une toile déjà peinte. Après l'avoir décapée, tendez-la à l'envers et enduisez-la de deux couches de gesso. Votre toile est de nouveau prête à l'emploi.

Un portrait riche en symboles

avec Sophie Busson

♦ Yaël

Les glacis offrent l'avantage de moduler les couleurs en de multiples nuances. Le portraitiste les utilise pour traduire la carnation ou l'éclat du regard. La réalisation de l'œuvre suivante, composée sur un panneau de bois enduit de colle de peau de lapin, demande une très grande technique ; vous pourrez cependant vous en inspirer pour vos créations personnelles.

△ **1.** Si vous peignez sur un panneau de bois, votre support doit être parfaitement lisse. Préparez-le soit au blanc de Meudon mêlé à de la colle de peau, soit avec un enduit à base de blanc de zinc. Une peinture acrylique de type gesso peut également convenir. Poncez légèrement vos fonds après chaque nouvelle application.

△ **2.** Teintez votre fond avec un jus fluide très pâle. Définissez les masses principales du tableau. Ébauchez le visage à la terre de Sienne brûlée. Affinez-le petit à petit, en effaçant vos erreurs au doigt. Appliquez les couleurs en couches très fines : de la terre d'ombre brûlée, de l'ocre jaune, de la terre de Sienne brûlée, un peu de bleu et un soupçon d'ocre rouge suffiront à traduire toutes les nuances d'une carnation.

△ **3.** Commencez le travail des glacis. Appliquez les couleurs en couches très fines, en respectant les temps de séchage. Claires ou foncées, les nuances apportées sont d'une infinie variété. En vue de souligner les ombres, un glacis appliqué sur la peinture sèche suggère les plis du vêtement.

Conseil

Pour composer votre médium, mélangez une part de siccatif flamand, une part de siccatif de Haarlem et quatre parts d'essence d'aspic (ou d'huile de lavande).

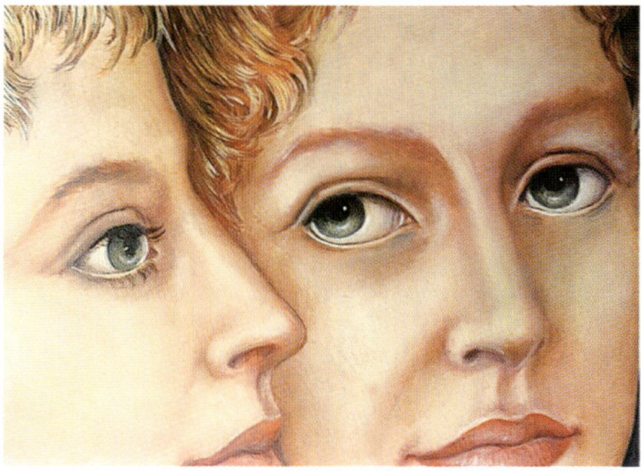

△ **4.** Un glacis bleu posé sur le vert des yeux approfondit le regard du modèle. Les détails s'affinent : l'ouverture de la narine, les sourcils, l'iris, etc. Afin de lisser la peinture, passez une petite brosse chargée de médium dans le sens horizontal, puis vertical.

▷ **5.** Travaillez dans le demi-frais, afin de mieux suggérer les chairs ou l'éclat vert des yeux. Agissez lorsque la peinture est presque sèche : le glacis ne rentre pas dans la peinture en profondeur mais rend la surface plus homogène.

◁ **6.** Pour s'approcher au plus près de la personnalité de Yaël, l'artiste a choisi de jouer sur les symboles : profil et face se répondent comme le jour appelle la nuit.

La peinture au couteau

La peinture au couteau est destinée à tous ceux qui pensent à la fois matière et couleur. Discipline ardue, elle implique d'avoir préalablement assimilé la technique du pinceau. Elle suppose en effet un œil exercé et un esprit de synthèse développé qui s'exprimeront à condition d'avoir un geste sûr et un sens aguerri des couleurs. C'est un outil de synthèse. Ductile, l'huile se laisse conduire par des aplats dont l'étirement plus ou moins grand engendre des variations de lumière et de tonalité particulièrement intéressantes.

◆ Les supports

Bien sûr, vous pouvez peindre au couteau sur isorel, sur papier marouflé ou sur carton, mais sachez que rien ne remplacera la toile dont les qualités intrinsèques répondent parfaitement aux nécessités de ce procédé. Non seulement sa légère élasticité permet une excellente réception de chaque geste, mais l'enduit qui la recouvre offre l'avantage de ne pas absorber rapidement la matière. Il est donc possible de faire des reprises dans le frais. Enfin, grand consommateur de couleur, le couteau se pratique avec des tubes de grande contenance.

◆ Les outils

Il existe deux catégories de couteaux à peindre. La première englobe ceux dont la base est soudée ; la seconde est constituée de couteaux forgés dans la masse et qui se montrent plus souples que les précédents. Les lames courtes sont plus raides et plus nerveuses que les lames longues flexibles et douces.

Le débutant tirera profit d'un large échantillonnage ; les tests effectués, deux à trois couteaux lui suffiront. Flambant neuf, le couteau offre une satisfaction limitée : en effet, comme un stylo plume, vous devrez « faire » votre couteau. Il devient performant au moment où la lame s'est adaptée, par usure, à votre main. Nous vous conseillons donc de conserver précieusement vos outils habituels. Ne les prêtez jamais.

▷ Jean-Louis Sébastien, *L'Andalouse*

La toile est structurée par les jeux de matières et de couleurs caractéristiques de la technique du couteau. La variété des aplats rythme la composition et la lumière évolue souplement à la surface de la toile.

♦ Les techniques

◁ **1.** Déposez deux couleurs sur la toile, par exemple un bleu et un jaune. Posez votre couteau au point de départ. Déplacez-le encore chargé de bleu vers la couleur jaune mais sans la toucher. Amorcez l'aplat d'un geste continu. Soulevez progressivement la lame à la fin du mouvement.

▷ **2.** Essuyez la lame. Placez-la sur le jaune et déplacez-la vers le bleu. D'une pression plus forte, faites en sorte que les deux couleurs se mêlent.

▽ YVON LABARRE, *Le village de Bouée*

La toile est structurée avec une brosse chargée de peinture noire. Le travail de la couleur débute au couteau. Les mélanges se font sur la toile. Le jeu des valeurs renforce l'équilibre de la composition. Rythmes et effets de matière guident l'évolution de la réalisation.

△ **3.** Étirez votre mélange pour obtenir un aplat homogène. Repassez plusieurs fois dessus avec le couteau. Utilisez le plat de la lame, sa pointe ou sa tranche.

La technique du couteau consiste à poser des aplats sur la toile – ce qui, dans le jargon professionnel, se traduit par le terme « empâter ». Trois principes sont à respecter :

- Jouez avec la lumière : les bords surélevés des aplats créent des ombres avec lesquelles vous devrez compter. Ayez à l'esprit la notion de rythme qui vous servira de fil conducteur dans l'élaboration du tableau.
- Jouez avec la couleur : vous pouvez réaliser d'étonnants effets optiques en manipulant l'épaisseur des couleurs. Vous pouvez même les superposer. Variez la transparence des teintes : vous créerez des marbrures et des veinures inattendues en passant successivement d'une couleur semi-transparente à une couleur transparente.
- Jouez avec la matière : en règle générale, n'utilisez pas de médium. L'aplat doit être épais, mais si vous tombez dans l'excès, vous rencontrerez des difficultés au séchage. Vous pouvez poser des couches fines en diluant légèrement vos couleurs. À l'inverse, ayez plutôt recours aux techniques mixtes pour épaissir vos aplats.

Maîtrisez la peinture au couteau

avec Michel Dubois

Nous avons choisi de représenter ce village breton dont les murs blancs et les toitures pentues contrastent avec le bleu lumineux de la mer. La palette est restreinte : elle se compose de blanc de titane, de jaune de Naples rougeâtre, de bleu outremer, de bleu de céruléum, de violet bleuâtre et de bleu indigo. L'artiste a utilisé un couteau n°1 et un couteau n°4.

△ **3.** Éliminez les détails inopportuns. Étalez le ciel avec le couteau le plus large. Si vous débutez, procédez par de petits aplats ; votre geste doit être ferme et régulier.

◆ Village au bord de la mer

◁ **1.** Préparez le fond : appliquez une couche d'acrylique bleu cyan sur la toile vierge. Tracez les grandes lignes de votre motif. Avant de commencer le travail des couleurs, vérifiez la pertinence de vos choix et testez plus particulièrement vos bleus dont l'harmonie construit la toile : il arrive même aux peintres confirmés de renoncer à leurs choix initiaux s'ils sont malvenus.

△ **4.** Avec un couteau plus petit, représentez les toits de la même manière. Pour poser les aplats, placez la lame sur un des traits délimitant la surface à recouvrir.

▷ **2.** La technique du couteau incite à aller à l'essentiel et à simplifier le sujet. Plans et lignes donnent au tableau son ossature. Pensez à la perspective, au rythme des ombres et des lumières.

◁ **5.** Peignez les façades des maisons au blanc de titane. Suggérez les lumières sur la maison de gauche par un jaune de Naples rougeâtre complété par un violet bleuâtre.

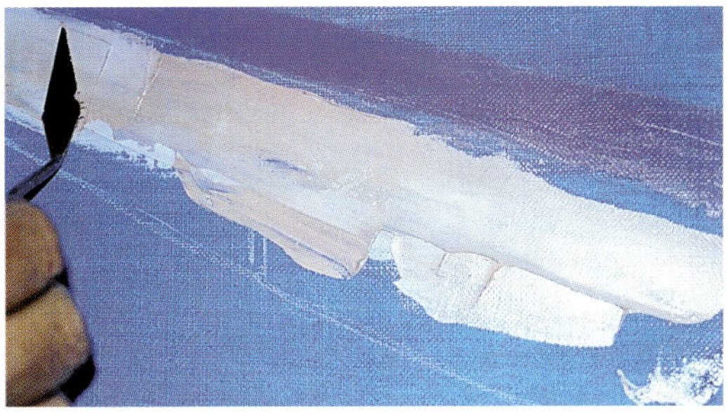

◁ **6.** Utilisez le même ton pour la partie verticale du parapet. Modelez cette zone dans le frais pour évoquer les pierres du mur.

△ **7.** Faites progresser votre toile en ayant soin de la rythmer par le jeu des lumières et des couleurs.

△ **8.** Les bleus utilisés pour le ciel suggèrent la mer. Résultats d'empâtements plus épais, quelques bateaux animent sa surface.

Conseil

Les reprises au couteau se font dans le frais. Dans le demi-frais, vous pouvez retravailler vos empâtements par glacis à l'aide d'un pinceau souple, afin de ne pas perturber les sous-couches, ou encore à l'aide d'une brosse dure, pour varier les effets de matière. Veillez à ce que la pâte utilisée soit identique à la couche sur laquelle vous l'appliquez afin d'avoir des réactions similaires pendant le séchage.

Charges et effets de matière

La peinture à l'huile s'est récemment enrichie de procédés qui répondent au souci des peintres de donner une présence plus tactile à leurs tableaux. L'intérêt qu'ils portent aux effets de matière a suscité l'émergence de nouveaux produits. Comme toute démarche inventive, la recherche de jeux de textures est une discipline où le peintre ne connaît de limites que celles de son imagination. L'expérimentation se pratique parfois aux risques et périls de son auteur puisque nul n'a encore idée de la pérennité des œuvres ainsi élaborées. Pour vous aider dans votre démarche, nous avons répertorié ici les produits et les techniques les plus courants actuellement.

BERNARDINO TOPPI, *Préparation pour la fête*

L'artiste italien travaille *a fresco*, c'est-à-dire suivant la technique de la fresque : le jeu subtil des matières invite au rêve.

♦ Le médium d'empâtement

▷ Avec votre couteau, mélangez sur la palette le médium à la couleur.

Le médium d'empâtement est très facile à utiliser. Après en avoir déposé une noix sur votre palette, incorporez doucement vos couleurs. Ce mélange se dilue si nécessaire à l'essence ou à l'huile. L'application sur la toile est simple : selon votre inspiration, utilisez le couteau, la brosse ou le pinceau. Les empâtements gagneront à être diversifiés, par la touche ou par leur épaisseur, afin de leur imprimer un rythme.

◁ Exemple d'effets de brosses et de pinceaux : matières et couleurs se conjuguent et se répondent.

♦ Les charges

Les charges sont des poudres d'origine minérale ou végétale qui, mélangées aux couleurs, procurent d'intéressants effets de matière. Leurs grains très divers satisferont les esprits curieux. Les plus répandues sont les poudres de marbre ou les poudres de carborundum. Testez également les blancs de Meudon, d'Espagne ou de Troyes. Le sable de chantier, la sciure permettent aussi des jeux de matière très intéressants. Ne mélangez pas les charges directement avec vos couleurs à l'huile : incorporez-les à une «structure», préparation composée de blanc de zinc ou d'apprêt à base de céruse à laquelle on ajoute quelques gouttes de siccatif de Courtrai. Pour rendre ce mélange plus malléable, versez-y peu à peu de l'huile de lin. Appliquez vos charges sur la toile à la truelle, à la raclette ou à la brosse.

△ Avant de les déposer sur votre support, préparez vos charges en les malaxant avec une «structure».

Conseil

Choisissez des supports assez solides pour recevoir une lourde couche picturale. Préférez les toiles bien tendues ou les panneaux de bois préalablement enduits.

◁ HERVÉ LOILIER, *La Nuit*

Un bel exemple d'utilisation des charges : un ton uni, ni trop clair ni trop foncé, couvre la toile vierge. Sur ce fond, la couleur est mêlée à un médium d'empâtement. Une couche de sable fin est alors répandue sur la couleur fraîche. Une semaine de séchage est nécessaire avant d'ébaucher la composition avec un jus. Les tons sont progressivement appliqués au couteau. Pour finir, les glacis approfondissent les nuances tandis que des rehauts plus clairs apportent une touche lumineuse.

Un paysage tout en matière

avec Gwen Le Pape

Comment exprimer dans une œuvre très synthétique la quintessence d'un site ? Pour saisir la réalité, il est parfois nécessaire d'avoir recours à des effets aussi riches qu'inventifs : brosses de peintre en bâtiment, peignes, spatules, sable et colle rentrent alors dans l'élaboration de la composition. Les matières, les formes et les couleurs ainsi obtenues possèdent de ce fait une extraordinaire force évocatrice.

♦ Paysage d'Espagne

◁ **1.** Préparez votre fond avec une couche de peinture très diluée à l'essence de térébenthine. Placez le champ du premier plan avec une spatule large. Appliquez une couche de blanc de zinc mêlé à du siccatif de Haarlem : cette préparation tient le rôle de durcisseur et d'accélérateur de séchage. Laissez sécher.

▽ **2.** Passez un nouveau jus coloré. Saupoudrez de sable à gros grains, que vous égalisez avec la spatule, pour donner l'aspect d'une terre granuleuse. Recouvrez une seconde bande de sable à grains fins pour suggérer un autre champ au-dessus du premier. Éliminez l'excédent de sable en tapotant doucement la toile.

▷ **3.** Mélangez du siccatif de Haarlem avec du blanc de zinc. Incorporez-y du sable fin et colorez cette préparation avec une couleur ocre. Étalez-la autour des champs, en laissant le fond transparaître. L'inégalité de la surface fait vibrer la lumière sur la toile.

▷ **4.** Affinez l'ébauche avec de la terre de Sienne, de l'ocre, du jaune. Évoquez les éléments de la composition, sans pour autant les représenter fidèlement. La perspective n'est pas matérialisée ; en revanche, la simple suggestion des arbres et d'un chemin suffit à définir l'espace.

▷ **5.** Colorez le second champ avec un jus ocre dilué. Lissez soigneusement les contours. Modelez le bas du tableau à la brosse. Une succession de frottis rythme la toile.

△ **6.** Tracez des sillons fins et réguliers dans la peinture fraîche à l'aide d'un peigne à colle. Les zones laissées en friche sont tamponnées au pinceau pour donner l'impression d'une terre labourée. Striez les bords du tableau avec une spatule.

◁ **7.** Situé à la frange de l'abstraction, ce tableau est le résultat d'une réflexion personnelle menée sur les valeurs et sur les textures.

Présentation des artistes

♦ Sophie Busson

Née en 1944 à Vitré, Sophie Busson est autodidacte. Elle pratique la gravure, l'aquarelle et la lithographie avant de se tourner vers la peinture à l'huile en 1983.
Elle réalise essentiellement des portraits, qu'elle expose aussi bien en France qu'à l'étranger.
Elle a également composé de nombreuses illustrations pour des ouvrages de bibliophilie.

♦ Jacky Claveau

Jacky Claveau est né en 1933. Après ses études à l'École des arts appliqués de Paris, il travaille pour la mode, l'édition et la publicité. Sa première exposition a lieu en 1964 ; elle est suivie de nombreuses manifestions personnelles ou collectives, en France comme à l'étranger. Jacky Claveau a aussi illustré quantité d'ouvrages d'art et de littérature.

♦ Michel Dubois

Michel Dubois est né à Trappes en 1942. Autodidacte, il pratique l'aquarelle, le pastel sec et la peinture à l'huile. La passion de l'enseignement le conduit à donner des cours à l'atelier de dessin et de sculpture de Madré et à l'atelier Solène. Son œuvre est régulièrement présentée dans le cadre d'expositions personnelles ou de groupe.

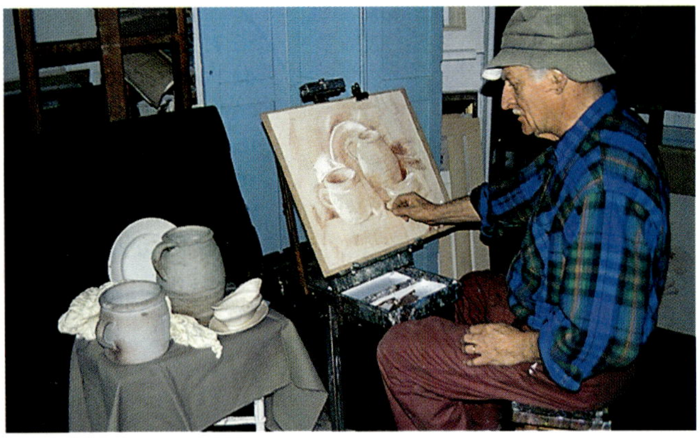

♦ Michel Ferber

Né en 1927, Michel Ferber a étudié à l'École nationale des beaux-arts de Paris et à l'Académie de la Grande Chaumière. Restaurateur, il a exécuté des médailles pour la Monnaie de Paris et réalisé plusieurs fresques monumentales.
Il participe aux principaux salons parisiens, et ses œuvres ont été présentées dans de nombreuses manifestations internationales.

♦ Gwen Le Pape

Né en 1950 à Rennes, Gwen Le Pape est architecte de formation. Influencé par Braque, de Staël et Pignon, il aime les matières et la terre, mais aussi l'équilibre et le sens de la construction. Peintre, graveur et sculpteur, il expose régulièrement depuis 1971.

♦ Onyx de Vritz

Né en 1947 à Montjean-sur-Loire, Onyx de Vritz s'initie très jeune à la peinture au contact de son père. Artisan peintre de profession, il prend connaissance au cours de son apprentissage des techniques de fabrication : la matière n'a plus de secret pour lui.
Il participe à de nombreux salons, expose en France et à l'étranger.
Il a réalisé une fresque de 50 m de long pour l'École des arts et métiers d'Angers.

♦ Michèle Taupin

Née en 1946, Michèle Taupin participe depuis 1981 à de nombreuses expositions individuelles ou collectives, en France et à l'étranger.
Plus de trente prix et médailles ont récompensé son œuvre.
Elle est sociétaire du salon d'Automne et du salon Violet.

♦ Claude Sauzet

Claude Sauzet est né à Grand'Combe, dans le Gard, en 1941. Formé à l'École des beaux-arts de Nîmes, il est sociétaire de la Nationale des beaux-arts et du Salon d'automne. Ses œuvres sont présentes dans de nombreuses galeries, aussi bien en France qu'à l'étranger.

♦ Constant Guilmaut

Constant Guilmaut a étudié aux beaux-arts du Mans, puis avec le sculpteur Raymond Dubois et avec le peintre François Desnoyer. Après la Seconde Guerre mondiale, il a participé à de nombreux salons nationaux, notamment au Salon des Artistes français et au Salon d'Automne.
Il a exposé régulièrement ses œuvres, aussi bien en France qu'à l'étranger.

Aux éditions Fleurus

Les secrets de l'artiste

Les secrets de la perspective
Les secrets de la peinture chinoise
L'art de la composition et du cadrage
L'aquarelle, art de la transparence
La couleur et ses accords
Le jardin de l'aquarelliste
La sculpture, art du modelage
Fleurs en liberté, aquarelle
L'atelier du peintre à l'huile
L'atelier du pastelliste
Le corps humain, nu et anatomie
Fleurs des jardins à l'aquarelle
Aquarelle, l'eau créatrice
Une leçon de dessin
Une leçon d'aquarelle
Le portrait, visages et expressions
Peindre avec succès personnages et animaux
Aquarelle, la lumière de l'eau
L'art de l'esquisse
Aquarelle au fil des saisons
Fleurs à l'aquarelle de A à Z
La sculpture sur bois

L'atelier du débutant

Aquarelle
Pastel
Dessin
Peinture à l'huile

Les clés de...

L'aquarelle
La peinture à l'huile
Le dessin
La peinture de paysage
Fleurs à l'aquarelle
Le portrait
La nature morte
Le corps humain
Les animaux

Encyclopédies

L'encyclopédie de la poterie
L'encyclopédie de l'aquarelle
L'encyclopédie de la peinture à l'huile
L'encyclopédie du pastel
Encyclopédie : les bases du dessin
L'encyclopédie du crayon de couleur
L'encyclopédie des peintures à effets décoratifs
L'encyclopédie de la peinture acrylique
L'encyclopédie des techniques de peinture

Pratique des Arts

L'aquarelle
La peinture à l'huile
L'acrylique
Le pastel
Le dessin
La sculpture
